Faszination *Libellen*

Für Mutt & Paps,
für Linus, Lena und Laurin

Ferry Böhme
Thomas Brockhaus

Faszination *Libellen*

Tecklenborg

Inhalt

6 Vorwort
Dr. Ferry Böhme

8 Grußwort
Annette und Rüdiger Nehberg

10 Grußwort
Prof. Dr. Gerhard Haszprunar

12 Magie der Farben
Von monochrom bis kunterbunt

48 Leben in zwei Welten
Aus dem Wasser in die Luft

80 Die Welt der Superlative
Fliegen und Jagen

120 Juwelen im Licht
Libellen im Habitat

Vorwort

Stechen die denn nicht? Nein, das können sie nicht, denn sie haben keinen Stachel! Oft hab ich diese Frage in den letzten Jahren gestellt bekommen, erklärt, dass sie – die Libellen – auch nicht beißen. Generationen von Kindern wurden verschreckt mit aberwitzigsten Geschichten über Drachenfliegen, Teufelsnadeln, Augenstecher, Pferdetod – oder was sonst noch an unzutreffenden Bezeichnungen für diese faszinierenden, für uns Menschen weder lästigen, geschweige denn gefährlichen Insekten existiert. Libellen leben seit über 300 Millionen Jahren auf unserem Planeten, stecken voller Superlative und sind beispielsweise mit über 50 km/h die schnellsten Insekten! Wie neueste Untersuchungen nahelegen, können sie die Flugbewegungen ihrer Beute sogar vorausberechnen.

In diesem Buch soll die Ästhetik dieser außergewöhnlichen Insekten im Vordergrund stehen. Es geht weder um ihre Bestimmung, noch um die Katalogisierung der bei uns heimischen 81 Arten. Umso mehr freue ich mich, Dr. Thomas Brockhaus als Textautor gewonnen zu haben, denn als Fachbuchautor und bekannter Odonatologe sieht er seit Jahrzehnten Libellen aus wissenschaftlicher Sicht – ist aber nicht weniger fasziniert von ihrer Schönheit als ich.

Zu jedem der Fotos gäbe es auch eine Geschichte zu erzählen; so war es z.B. eine Zangenlibelle, die mir wahrscheinlich mehr Aufmerksamkeit bescherte, als ich mir vorher gedacht hatte. Ein strahlender Hochsommertag, bestes Badewetter an einem Baggersee und noch dazu einen Schattenplatz im FKK-Bereich ergattert! Es sah nach einem entspannten Nachmittag aus. Bei der ersten Schwimmrunde schoss in Ufernähe etwas Gelbschwarzes an mir vorüber und landete nur wenige Meter vor mir auf einem Ast über dem sandigen Ufer. Ich traute meinen Augen kaum – die Kleine Zangenlibelle, die mir noch in meiner Sammlung fehlte.

Nun war guter Rat teuer – denn wer geht schon mit Makrofotoausrüstung zum Baden?

Kurze Zeit später stand mein Entschluss fest. Rauf aufs Radl, heimgesprintet, Kamera eingepackt und zurück an den See. Doch erinnern wir uns – das Habitat der Libelle war der FKK-Bereich! Nachdem ich mich also zumindest bekleidungstechnisch wieder dem Rest der mich umgebenden Badegäste angepasst hatte und lediglich die Sonnenmütze noch etwas Schutz nach oben bot, begann ich – Kamera mit Riesenmakro in Vorhalte – den Ufersaum abzusuchen. Ich glaube nicht, dass mich jemals vorher so viele Augenpaare beim Fotografieren verfolgt haben! Ich kann versichern: Es glaubt Ihnen in dieser Situation kein Mensch, dass Sie NUR Libellen fotografieren möchten! Dank eines kooperativen Zangenlibellenmännchens hatte ich alsbald ein paar brauchbare Schüsse gemacht – just, als sich dieses Männchen entschloss, als nächsten Landeplatz nicht einen Ast oder Halm, sondern den Po eines zwischen zwei Damen schlafenden Herren zu erwählen.

Ich habe seitdem nie wieder so lange darüber nachgedacht, ob ich die Kamera hochnehme und abdrücke. Der Blick und das laute Auflachen einer der beiden Damen, als sie sich umdrehte, zuerst mich und dann die Libelle auf ihrem Landeplatz sah, hat zwar die Situation merklich entspannt – die Zangenlibelle jedoch dazu bewogen, sich einen Alternativplatz zu suchen.

Wie viel Faszination von Libellen wirklich ausgehen kann, hätte ich früher nie gedacht – und so freue ich mich, dass nach 300 Millionen Jahren Libellenexistenz der Tecklenborg Verlag diese Faszination in Buchseiten bindet.

Dr. Ferry Böhme

Grußwort

Libellen – in atemberaubender Schönheit dürfen wir diese Wunderwerke der Natur durch die Linse von Dr. Ferry Böhme bestaunen. Mit dem Auge nicht Wahrnehmbares macht er sichtbar, gibt dem Betrachter Teilhabe. Seine Fotokunst lädt ein zur Ehrfurcht vor diesen wundersamen, fremden Wesen. Im Schauen ihrer filigranen Zartheit erwächst der Wunsch, sie zu behüten und zu beschützen. Im allgegenwärtigen Wissen um die Bedrohung des sensiblen Ökosystems fordern diese Bilder Schutz. Schutz für diese zarten Wesen, Schutz für diese Schöpfung, Wege aus der Zerstörung, Hoffnung für eine lebenswerte Welt. Ferry Böhme zeigt dem Menschen mit diesen Bildern unaufdringlich einladend dessen Verpflichtung für das anvertraute Geschenk Natur. Wie weitsichtig gibt er diesen bedrohten Wesen in seinen Fotos eine Stimme.

Vielleicht ist es dieser besondere Blick, der den begnadeten Fotografen seit Langem mit uns und unserer Organisation TARGET e.V. verbindet. Auf unser Nachfragen, warum Dr. Ferry Böhme uns schon so lange mit Erlösen aus seinen Bildern unterstützt, offenbart er: „Weil über jegliche Konventionen hinweg bei TARGET der Mensch im Vordergrund steht. Weil schon der verhinderte Schmerz nur eines Mädchens das Projekt sinnvoll macht – es rettet lebendiges Leben. Weil nur Hilfe vor Ort den Menschen eine Möglichkeit gibt, dort glücklich zu werden, wo sie hingehören – in ihrer Heimat."

Tradiert auf seine im Werk „Faszination Libellen" spürbare Leidenschaft bedeutet das: Weil über alles hinweg die heilige Natur im Vordergrund steht. Weil jede Libelle, die durch die Bilder eine schützende Menschenhand findet, die Arbeit mit der Kamera sinnvoll macht – sie rettet lebendiges Leben. Weil nur Hilfe vor Ort den Libellen die Möglichkeit gibt, dort zu sein, wo sie hingehören – in ihrer Heimat Natur, mitten unter uns.

Mögen viele Menschen die Botschaft dieses Werkes mit ihren Augen sehen und mit ihrem Herzen hören.

Im September 2018

Annette und Rüdiger Nehberg

Grußwort

In Zeiten des Insektensterbens bedarf es einer Triple-H-Strategie, um dieser mehr als schädlichen Entwicklung entgegenzutreten. HIRN ist zunächst gefragt, das heißt Wissen über die Arten, deren ökologische Ansprüche und Beziehungen – die Aufgabe von Wissenschaftlern, jenen Menschen, die Wissen schaffen. HANDLUNGEN der Politik, aber auch von Konsumenten und Staatsbürgern sind notwendig, um erworbenes Wissen in Aktionen und Maßnahmen umzusetzen, denn Analysen und Studien alleine werden unsere Tier- und Pflanzenwelt nicht retten. Dazu braucht es HERZ, also Empathie, Begeisterung, Faszination – und genau darum geht es in diesem Band eines Meisterfotografen über eine der schönsten Insektengruppen überhaupt, die Libellen. Auf fantastischen Fotos werden Sie eindrucksvoll über die Details der Form, der Körperteile und der Lebensräume informiert – wer da nicht begeistert ist, dem ist nicht mehr zu helfen.

„Dragonflies & Damselflies" heißen unsere Flugkünstler im Englischen. Die „Drachen" – massive Großlibellen – sind tatsächlich furchterregend, aber nur für andere Insekten, die sie im unglaublich schnellen und kühnen Flug erjagen. Demgegenüber tanzen und gaukeln die „Fräuleins" – die zarten Kleinlibellen – bezaubernd über die Wasseroberflächen und Ufer, sind aber ebenso und auch schon als Larve nicht minder räuberische Gesellen. Und wer wäre nicht fasziniert vom „Libellenrad", dieser einzigartigen Paarungsfigur, die sogar im Fluge beibehalten wird? Alle Libellen verfügen über riesige Augen mit fast perfekter Rundumsicht – wer hätte davon nicht schon geträumt?

Im Sinne des Wissens (HIRN) wird angesprochen und präsentiert, dass Libellen Bewohner zweier Welten sind, also amphibisch leben. Und damit wird auch der Brückenschlag zum HANDELN gelegt: Platz für einen Libellenteich ist auch im Kleingarten eines Reihenhauses oder einer Wohnhausanlage, Fürsorge für die Gewässer der Umgebung ist eine Aufgabe für alle.

Bleibt als Resümee: Lassen Sie sich be- und verzaubern von schillernden Farben, grazilen und ästhetischen Strukturen und unglaublichen Verwandlungen, kombiniert mit Höchstleistungen im Fliegen, Lieben und Sehen. Wenn Ihnen dabei das HERZ aufgeht, dann aktivieren Sie HIRN und HAND und helfen mit, dass auch unsere Kinder und Enkel die „Faszination Libellen" erleben können.

Prof. Dr. Gerhard Haszprunar
Direktor der Zoologischen Staatssammlung München
und Generaldirektor der Staatlichen
Naturwissenschaftlichen Sammlungen Bayerns

Magie der Farben
Von monochrom bis kunterbunt

Magie der Farben
Von monochrom bis kunterbunt

Libellen sind faszinierende Insekten. Weltweit sind etwa 6.000 Libellenarten bekannt, wobei die beiden großen Gruppen der Kleinlibellen und der Großlibellen unterschieden werden. Und jedes Jahr werden neue Arten entdeckt und beschrieben, vor allem in den Tropen. Aber auch in Europa leben viele Libellenarten. Derzeit kennen wir hier etwa 140 Arten. Von diesen leben 81 Arten in Deutschland. Auch in Europa gibt es immer mal wieder Überraschungen. So entdeckte Milen Marinov im Jahr 2001 in Bulgarien eine neue Smaragdlibellenart. Und erst seit Kurzem werden zwei Weidenjungfern, die in Westeuropa und auf dem Balkan leben, als Arten unterschieden: die Westliche und die Östliche Weidenjungfer.

Libellen sind Sonnentiere. Vor allem die tropischen Arten sind oftmals prächtig gefärbt. Auch viele heimische Arten fallen durch ihre Färbung auf. Wer hat nicht schon einmal den gaukelnden Flug der Prachtlibellen an einem Bach beobachtet und ihre metallisch glänzende Blaufärbung bewundert? Sie entsteht durch die Struktur des Außenskeletts (Chitinpanzer). Metallisch glänzende Arten wie die Prachtlibellen haben Schillerfarben. Das Licht bricht sich und erzeugt die schillernd blaue Farbe. Bei diesen, wie bei vielen anderen Libellenarten sind Männchen und Weibchen verschieden gefärbt. So glänzt die Partnerin der Gebänderten Prachtlibelle metallisch grün. Andere Arten erzeugen sogenannte Pigmentfarben. Hierzu gehören etwa die Edellibellen und viele Kleinlibellen. Gelbe, grüne, rote und andere Farben werden unterhalb des Chitinpanzers an den Muskelansätzen der Tiere erzeugt. Im Unterschied zu den Vorherigen, vergehen die Pigmentfarben beim Tod des Tieres, da die Muskeln verwesen. Schließlich erzeugen einige Arten noch Wachsfarben. Die Blaupfeile färben sich im Verlauf ihres Lebens nach und nach durch Wachsausscheidungen blau, daher der Name. Man trifft die Bereifung mit Wachsfarben meist bei den Männchen an, die dann anders gefärbt sind als ihre Weibchen.

Alle Libellen kennzeichnen ihre kräftigen Mundwerkzeuge als Räuber. Ihre Beute, meist andere Insekten, fangen sie im Flug; Großlibellen verspeisen sie hier sogar, wobei die sechs Beine als Fangkorb dienen.

Typisch für die Keiljungfern sind die gelben bis gelb-grünen Kontrastierungen mit deutlichen, schwarzen Zeichnungen. Intensiv leuchtet das Türkis in den Augen der Westlichen Keiljungfer. Und die Mücke hat definitiv keine Aussicht auf eine warme Blutmahlzeit – mehr als einen Zwischenlandeplatz wird sie auf einer Libelle nicht finden. War da nicht vielleicht gerade ein Fotograf in der Nähe?

Oft wegen ihrer Farbigkeit als „Fliegende Juwelen" bezeichnet,
sind im Falle des Großen Granatauge die Juwelen sogar die Namensgeber.
Das Rot in den Augen der hier abgebildeten Männchen des Großen
Granatauge erinnert an das intensive Leuchten dieser Edelsteine.
Die Augen des Weibchens (linkes Bild, Mitte) sind hingegen gelbgrün.

Wirklich magisch – wie Golddukaten leuchten die Tautropfen hinter der Libelle in der morgendlichen Wiese. Auch auf dem Flügel hinterlässt der Blick durch die defokussierte Optik ein einziges Funkeln und Glitzern. Zeit, um innezuhalten.

Vorherige Doppelseite:

Abendstimmung am Ammersee im Voralpenland.
Die zahlreichen Seen, Moore, Bäche und temporären Gewässer
bieten optimale Voraussetzungen für viele Libellenarten.

Egal ob Großlibellen (links) oder Kleinlibellen (rechts) – die morgendlichen
Temperaturen und der kühle Tau lassen uns Zeit, diese filigranen
Lebewesen eingehend zu betrachten – bevor sie blitzschnell auf Jagd gehen.

Unterschiedlichste Pflanzen – vom Gras bis zur Schwertlilie – werden als Ruheplatz gewählt. Links ein Pärchen des Großen Granatauge, rechts eine Frühe Adonislibelle und das Männchen einer Blauflügel-Prachtlibelle. Viele Großlibellenarten ruhen allerdings auch oben in den Bäumen.

Libellen bei Sonnenaufgang. Um die wenigen Minuten einer orangen Sonne beim Aufgang fotografisch nutzen zu können, sollte man schon am Vorabend wissen, wo die Libellen sitzen und wo genau die Sonne aufgehen wird.

Die Feuerlibelle (links) zählt zu den farbintensivsten heimischen Großlibellen. Ihr durchgehend kräftiges Rot leuchtet schon von Weitem – fast wie die Mohnblüte als Kontrast bei einem eher unscheinbaren Heidelibellenweibchen (oben).

Folgende Doppelseite:

Nicht nur die Frage ob stehendes oder fließendes Gewässer ist für das Vorkommen bestimmter Arten von Bedeutung – selbst die Fließgeschwindigkeit kann mitbestimmend sein. Hier tummeln sich nach Sonnenaufgang mit Sicherheit Prachtlibellen.

Genauso filigran und schützenswert wie die Libellen sind auch die Sumpfgladiolen – leider schon so selten wie manche Libellenart und sogar mit Stammplatz auf der Roten Liste, denn die als Lebensräume erforderlichen Feuchtwiesen werden immer weiter zurückgedrängt.

34   Magie der Farben

Begegnungen mit anderen, ebenfalls in der Wiese übernachtenden Insekten sind keine Seltenheit. Hier wartet das Weibchen der Blauen Federlibelle gemeinsam mit dem Braunen Waldvogel auf die wärmenden Strahlen der Morgensonne; rechts grüßt freundlich das Männchen der Blauen Federlibelle von einer Sumpfgladiole.

Das Männchen der Gebänderten Prachtlibelle.
Sehr deutlich zu erkennen (links) sind die
drei Punktaugen auf der Stirnmitte, deren Funktion
bis heute nicht abschließend geklärt ist.

Auch die kleinen Azurjungferarten wissen schon, wie
man sich im besten Licht mit intensivem Blau präsentiert –
allerdings bewegen sie sich häufig mit dem
Fotografen mit, um immer hinter dem Halm versteckt
zu sein. Ein lustiges Spiel am frühen Morgen!

Oben: Mit aufgeklappten Flügeln ruhen Gebänderte
Prachtlibellen eher selten – und präsentieren so doch einmal
die namensgebenden, dunkelblauen Flügelbänder.

Links: Auch auf dieser Prachtlibelle wird die kleine Mücke
wohl nicht glücklich – zum Trinken gibt es hier nix. Da wird wohl
oder übel wieder der Fotograf herhalten müssen.

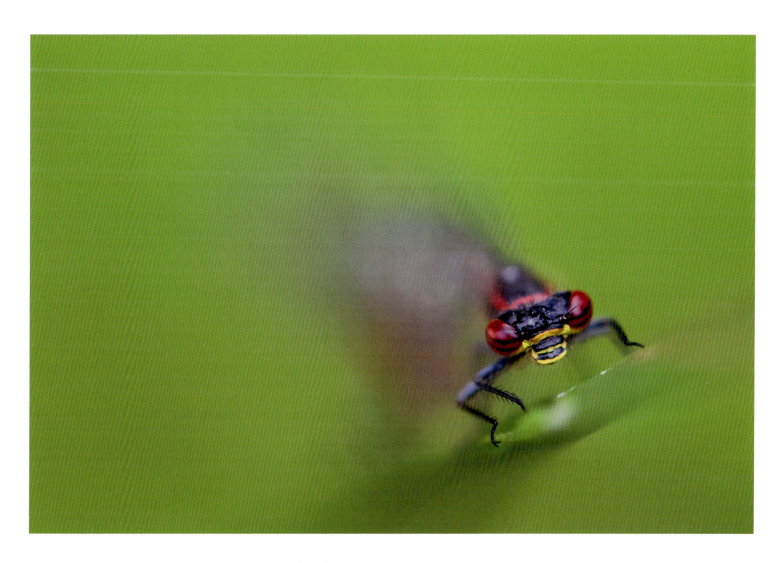

Mit ihrer rot-gelben Zeichnung ist die Frühe Adonislibelle (oben) eine
der am auffälligsten gezeichneten Kleinlibellen in unseren Breiten.
Aber nur aus der Nähe ist das filigrane „Make-up" erkennbar. Auch das blaue
Gesicht der Azurjungfer (links) zeigt eine feine Zeichnung im Portrait.

Leben in zwei Welten

Aus dem Wasser in die Luft

Leben in zwei Welten

Aus dem Wasser in die Luft

Pfeilschnell fliegt ein Tandem zweier Edellibellen durch die Luft. Das Männchen der Torf-Mosaikjungfer hat ein eierlegendes Weibchen ergriffen, hält es mit seinen Hinterleibsanhängen fest und versucht, es zur Paarung zu animieren. Das Paarungsrad der Libellen ist einmalig bei den Insekten. Nach dem Schlüssel-Schloss-Prinzip packt ein Männchen das Weibchen hinter dem Kopf. Dann biegt das Weibchen seinen Hinterleib nach vorn und fasst mit seinem Geschlechtsapparat das Begattungsorgan des Männchens. Was nun passiert, wurde erstmals bei Libellen beobachtet und hat zu neuen Hypothesen in der Evolutionsbiologie geführt: Das Männchen räumt das Spermienpaket des vorhergehenden Partners aus, ehe es dem Weibchen sein eigenes Spermienpaket überträgt. Dieser Spermien-Austausch wird so interpretiert, dass das Männchen sicherstellen will, dass seine eigenen Nachkommen aus den befruchteten Eiern schlüpfen werden.

Die erwachsenen Libellen führen mit Reifungsflug, Jagen und Fressen, Partnersuche und Eiablage ein kurzes, lediglich wenige Wochen dauerndes Leben an Land und in der Luft. Die aus den ins Wasser abgelegten Eiern schlüpfenden Larven leben dagegen, je nach Art, ein oder mehrere Jahre im Wasser. Sie besitzen eine unter dem Körper zusammengeklappte Fangmaske, mit welcher sie alle zu überwältigenden Beutetiere, vom Insekt bis zur Molchlarve, fangen und verspeisen. Sie sind gefräßige Räuber und fressen sogar ihresgleichen. Nach mehreren Häutungen erreichen sie die Schlupfreife. Dann steigen sie an einer geeigneten Stelle aus dem Wasser, die Larvenhaut platzt am Rücken auf und das fertige Insekt schlüpft. Dies ist eine der sensibelsten Phasen im Leben einer Libelle, da sie mit weicher Haut und noch nicht ausgefalteten Flügeln völlig schutzlos ist. Nachdem das Tier jedoch ausgehärtet ist und die Tracheenadern der Flügel mit Luft gefüllt sind, beginnt das kurze, aber rasante Leben in der Luft.

In Europa gibt es zwei Libellenarten, deren Lebensrhythmus sich völlig von dem Beschriebenen unterscheidet. Die Winterlibellen schlüpfen ab Ende Juli und verbringen den restlichen Sommer, Herbst und Winter als erwachsene Tiere. Dabei sind sie in der Lage, auch kältesten Frost und Schnee zu überstehen. Wie ihr „Frostschutzmittel" funktioniert, ist noch nicht ganz geklärt. Mit den ersten wärmenden Sonnenstrahlen suchen sie im Frühjahr ein Gewässer auf, paaren sich und legen ihre Eier mit einem Legebohrer in abgestorbenes Pflanzenmaterial. Die zuerst schlüpfende Prolarve (Vorlarve) häutet sich zur Larve und benötigt lediglich sechs bis sieben Wochen bis zur Schlupfreife.

Wenn man sich näher gekommen ist, wird das Männchen alles versuchen, um unliebsame Konkurrenz vom Weibchen fernzuhalten. Wie „Schlüssel – Schloss" funktioniert der Haltemechanismus hinter der Kopfpartie des Weibchens. So wird er sie zur Eiablage begleiten.

Tandemflug und Eiablage – hier bei der Frühen
Adonislibelle. Selbst beim eigentlichen Legevorgang
wird das Männchen seine Partnerin nicht
verlassen, auch wenn es dabei frei stehen muss.

54　Leben in zwei Welten

Das Plattbauchweibchen legt seine Eier im freien Flug ohne männliche Begleitung – und tippt dabei mit dem Hinterleib immer wieder auf die Wasseroberfläche.

Die Gemeine Winterlibelle (oben) kommt auch im Flachland vor. So unscheinbar diese Art auch sein mag, sie ist – im Gegensatz zu anderen Libellen – in der Lage, auch im Winter zu überleben, produziert sie doch ein eigenes „Frostschutzmittel". Die Alpen-Smaragdlibelle (rechts) – zu erkennen an den weißen Ringen – sucht sich hochalpine Schlenken als Kinderstube, wo sich die Larven bis zu vier Jahre aufhalten werden.

Eiablage ohne männliche Begleitung – egal ob auf der freien Wasseroberfläche oder sitzend auf Stöcken und Halmen. Hier beginnt der mitunter mehrere Jahre dauernde, wassergebundene Lebenszyklus der Libellenlarven, bis sie eines Tages das Wasser zum Schlupf wieder verlassen.

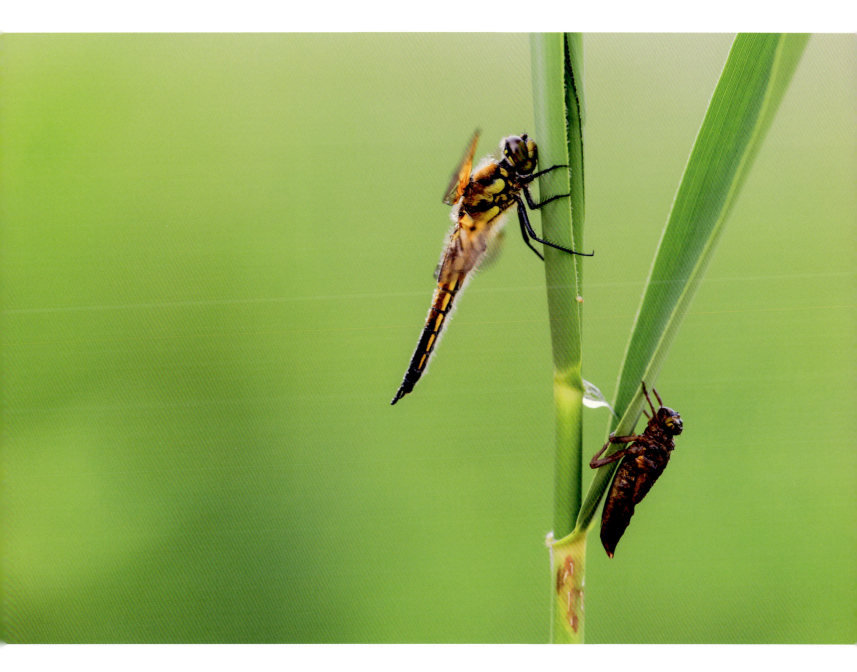

Oben: Die Larve hat ihren Schlupfhalm erklommen und krallt sich fest.
Deutlich zu erkennen ist das Gelb der Augen und die „Taschen" für die Flügel
am Rücken der nun gleich mit dem Schlupf beginnenden Libelle.
Ein bereits ausgefärbter Vierfleck zeigt den Größenunterschied deutlich.

Links: Die im Wasser und Bodensubstrat der Gewässer lebenden Larven
sind manchmal nur schwer zu entdecken und fressen bis zu 200 Mückenlarven
am Tag. Sie erinnern nur entfernt an die fliegenden, farbenprächtigen
Libellen. Die Larven ernähren sich räuberisch von kleinen Wasserlebewesen.

62 Leben in zwei Welten

Eine der gefährlichsten Phasen im Leben einer Libelle ist der Schlupf. Die Libelle ist völlig schutzlos. Die Flügel müssen erst entfaltet werden und aushärten. Fällt die Libelle durch Störungen oder Unachtsamkeit zu Boden, ist sie verloren.

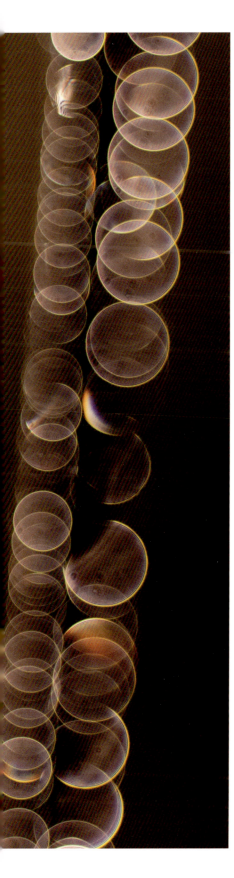

Oben: Schon kurz nach dem Schlupf der Torf-Mosaikjungfer glaubt man kaum, dass diese riesige Libelle in so einer kleinen Larvenhaut steckte. Ihre Flügel sind nun ausgehärtet und in wenigen Minuten wird sie zum Jungfernflug starten.

Links: Die Larvenhülle – Exuvie – bleibt am Schlupfort zurück und leuchtet im Morgenlicht wie ein asiatischer Lampion. Libellenkundler können schon anhand von Merkmalen der Larvenhülle bestimmen, wer hier geschlüpft ist.

Folgende Doppelseite:

Beste Zeit für eine Libellenexkursion – früher Morgen an einer sumpfigen Schlenke. Hier leben zahlreiche Libellenarten nebeneinander, zum Beispiel Azurjungfern, Granataugen, Smaragdlibellen, Vierflecke und Binsenjungfern.

Nur wenige Minuten liegen zwischen den Aufnahmen dieses Blaupfeils. Links kurz vor und rechts direkt bei Sonnenaufgang. Es wird deutlich, wie stark sich der gesamte Bildeindruck durch diese verschiedenen Lichtsituationen ändert.

70　Leben in zwei Welten

Auch bei den nur wenige Zentimeter großen Kleinlibellen ist schon kurz nach dem Schlupf der Größenunterschied zwischen Larvenstadium und fertigem Fluginsekt sichtbar. Bei genauem Hinsehen sind am Ende der Larvenhüllen der jeweils linken Bilder die für Kleinlibellen typischen Kiemenblättchen zu sehen.

Selbst im Filmgeschäft haben Libellenlarven und Exuvien ihre Spuren hinterlassen. Der Designer des Science-Fiction-Films „Alien" holte sich z. B. Anregungen für den vorschnellenden Kiefer seines Ungeheuers und für die Kopfstruktur bei den Libellenlarven. Auf beiden Bildern ist die Fangmaske der Larve im Bereich des Unterkiefers gut zu erkennen.

In manchen Jahren treten an verschiedenen Biotopen zeitgleich große Libellenansammlungen auf – hier bei einer unserer Libellen mit sehr typischer Flügelzeichnung – dem Vierfleck.

Sehr gut zu sehen ist hier die unterschiedliche Sitzhaltung: Großlibellen mit weit abstehenden Flügeln, die meisten Kleinlibellen mit an dem Körper angelegten Flügeln.

Ein seltener Anblick – gleich vier Exemplare des Kleinen Blaupfeils warten im Morgenlicht auf die wärmenden Strahlen der Sonne, um zum Jagdflug oder zur Paarung aufbrechen zu können.

Folgende Doppelseite:

Der Eibsee am Fuße der Zugspitze ist nicht nur bei Wanderern beliebt, sondern auch bei Libellen.

Die Welt der Superlative

Fliegen und Jagen

Die Welt der Superlative

Fliegen und Jagen

Tausend Augen schauen dich an, wenn ein Männchen der Blaugrünen Mosaikjungfer dich neugierig mustert. Manch einer hat das schon einmal am Gartenteich oder anderswo erlebt. Die Komplexaugen der Insekten setzen sich aus vielen Einzelaugen zusammen. Sie werden deshalb Netzaugen oder Facettenaugen genannt. Jede einzelne Facette ist ein kleines sechseckiges Einzelauge (Ommatidium). Das Gesamtbild setzt sich wie bei einem Puzzle aus tausenden Einzelbildern zusammen. Libellen haben große, auffällige Komplexaugen, die beidseitig am Kopf sitzen. Bei den Edellibellen können bis zu 28.000 Einzelaugen in einem Komplexauge vereinigt sein. Kleinlibellen haben etwa 7.000 Einzelaugen. Mit den Komplexaugen können Libellen über eine Entfernung von 20 Meter und mehr andere Objekte deutlich wahrnehmen. Im Unterschied zum menschlichen Auge sind dabei auch die Sichtrandfelder scharf abgebildet. Auch Bewegungen werden bis zu dieser Entfernung äußerst präzise registriert. Schnelle Bewegungsabläufe erfasst das Libellenauge in allen Einzelheiten, denn Libellen sind Jäger der Lüfte, die ihre Beute im Flug fixieren und fangen. Zusätzlich zu den Komplexaugen besitzen sie noch drei sogenannte Punktaugen auf der Stirn. Sie nehmen vor allem geringe Helligkeitsunterschiede wahr und könnten für das Sehen in der Dämmerung von Bedeutung sein. Übrigens sind diese Punktaugen sehr ursprünglich und stehen so für das hohe evolutionäre Alter der Insektenordnung der Libellen.
Libellen gehören zu den besten Fliegern unter den Insekten. Als gewandte Jäger haben sie einen komplexen Flugapparat. Die vier Flügel sind mit luftgefüllten Adern (Tracheen) durchzogen. Sie haben durch eine Knickstruktur einen dreidimensionalen, extrem strapazierfähigen Aufbau. Ein Flügelmal in Nähe der Flügelspitze (Pterostigma) dient der Stabilisierung. Mächtige Muskeln in der Brust der Tiere sind die Motoren des rasanten Fluges. Während die vier Flügel der Kleinlibellen alle gleich gebaut sind, unterscheiden sich bei den Großlibellen Vorder- und Hinterflügel in ihrem Bau. Libellen gelingen rasante Flugmanöver, um Fressfeinden auszuweichen oder eine Beute zu ergreifen oder aber auch, um einen Geschlechtspartner zu finden. Über den Libellenflug wurde in den letzten Jahren viel geforscht, kann er doch ein Vorbild für viele technische Anwendungen sein. So haben Zeitlupenaufnahmen gezeigt, dass Großlibellen alle vier Flügel unabhängig voneinander schlagen können. Falls es nötig ist, fliegen sie sogar kurze Strecken rückwärts.

84 Die Welt der Superlative

Deutlich zu sehen ist hier, dass der „schwarze Fleck" in den Facettenaugen immer den Fotografen fixiert – beim Wechsel vom Frontalportrait zur Seitenansicht also die Richtung ändert. Dieser „schwarze Fleck" – auch Pseudopupille genannt – zeigt die aktiven Einzelaugen. Man erkennt daran sofort, ob eine Libelle lebt oder nicht und in welche Richtung die Libelle sieht. Die Pseudopupille entsteht durch eine Gruppe von annähernd parallel angeordneten Einzelaugen. Würde man sie entlang ihrer optischen Achse betrachten, so stellte man fest, dass sie alles Licht absorbieren. Deshalb erscheint die Stelle schwarz.

Immer wenn ich jetzt einer Libelle in die Augen schaue, wird mir noch stärker bewusst, welche Wunderwerke um uns herumschwirren.

Vorherige Doppelseite:

Moore sind prädestinierte Habitate für einige Libellenarten. Die Erhaltung solcher durch Entwässerung und Verbauung leider selten gewordener Lebensräume ist ein wichtiges Anliegen des Naturschutzes und schon aufgrund ihrer Bedeutung für seltene, spezialisierte Arten zwingend notwendig.

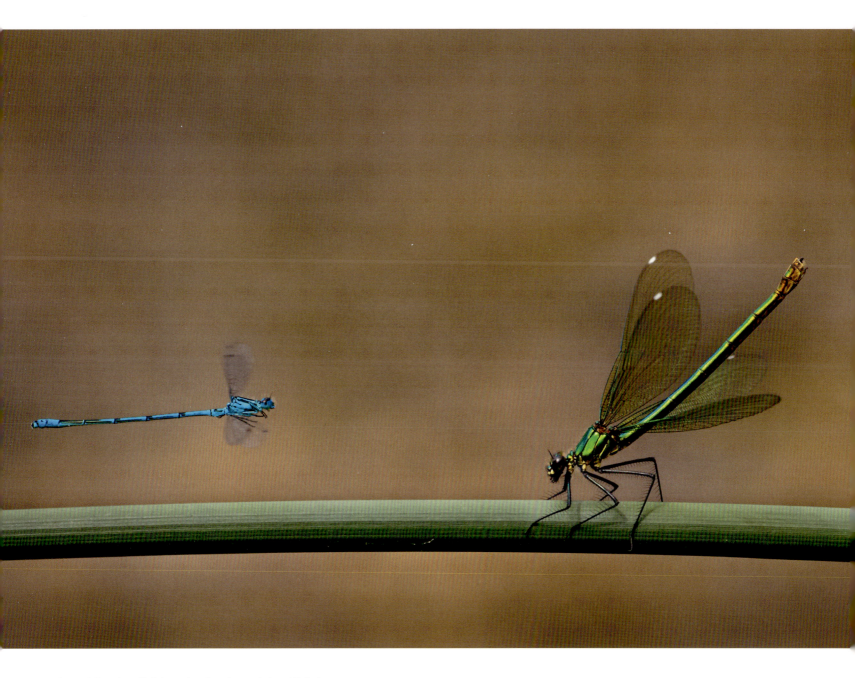

Interaktion einer Hufeisen-Azurjungfer und eines Weibchens der Gebänderten Prachtlibelle um einen Ansitzplatz.
Links: Das Weibchen der Gebänderten Prachtlibelle im Morgentau.

Die Tautropfen auf dem Facettenauge der Keiljungfer wirken wie eine Lupe.
Rechts: Da behaupte noch jemand, Libellen hätten keine „Haare" auf der Brust!

Die Welt der Superlative

Folgende Doppelseite:

Wie aus einer anderen Welt! Fast surreal wirkt der Frontalanblick dieser Westlichen Keiljungfer im Morgentau.

Die Schwarze Heidelibelle zählt zu den kleinsten Vertretern unserer heimischen Großlibellen und ist u.a. häufig in Moorgebieten anzutreffen. Frontal scheint sie eine ganz besonders coole Sonnenbrille zu tragen. Im Gegensatz zu den Keiljungfern treffen sich die beiden riesigen Facettenaugen fast über dem Scheitel.

Rechts: 56.000 einzelne Augen an einer Libelle; eine 10x höhere Auflösung als das menschliche Auge – und all diese Sinnessignale müssen bei 50 km/h im Flug präzise verarbeitet werden. Irre!

Zweifellos Charakterköpfe! Typisch für Kleinlibellen sind die
weit auseinander liegenden Facettenaugen, die sich –
im Gegensatz zu den meisten Großlibellenarten – nicht berühren.

Weibchen (links) und Männchen (rechts) der Blauen Federlibelle. Charakteristisch und namensgebend für die „Feder"libelle sind die Borsten an den Beinen, die wie eine Federfahne erscheinen.

Und echt: Manchmal hätte ich wirklich Lust, Sprech- oder Denkblasen in die Fotos zu montieren.

Während die Herbstmosaikjungfer (links) oft in Höhen über 2 Metern jagt und nur kurz am Teichrand ruht, sitzt das Kleine Granatauge (oben) nicht nur an Gräsern, sondern häufig auf Wasserpflanzen an der Oberfläche ruhiger Gewässer.

Libellen sind die schnellsten Fluginsekten. Großlibellen können auch kurze Strecken rückwärts fliegen und in Bruchteilen einer Sekunde die Flugrichtung wechseln.

Während beim Blick von vorne die riesigen Facettenaugen dominieren, gewährt der Blick ins Genick ungewohnte Perspektiven. Die Verbindung von Kopf und Brustkorb ist so stabil, dass sie Beschleunigungskräften standhält, denen kein Kampfpilot gewachsen wäre – und ist trotzdem extrem flexibel, um den Kopf in fast alle Richtungen zu drehen.

Vorherige Doppelseite:

Der Flügel einer Libelle – hier des Vierfleck – ist mitnichten totes, hartes Material. Zwei Flügelmembranen legen sich von oben und unten über das Gerüst, welches sowohl innerviert als auch dreidimensional strukturiert ist und von Gefäßen durchzogen wird. So kann nach dem Schlupf Hämolymphe – Libellenblut – in den Flügel gepumpt werden und dieser entfaltet sich zu voller Größe.

Die Welt der Superlative

Man vermutet, dass die verschiedenen Farbzeichnungen in
den Flügeln – links die typischen braunen Streifen der Gebänderten
Heidelibelle – nicht nur Kommunikationsaufgaben,
sondern auch temperaturregulierende Funktionen wahrnehmen.

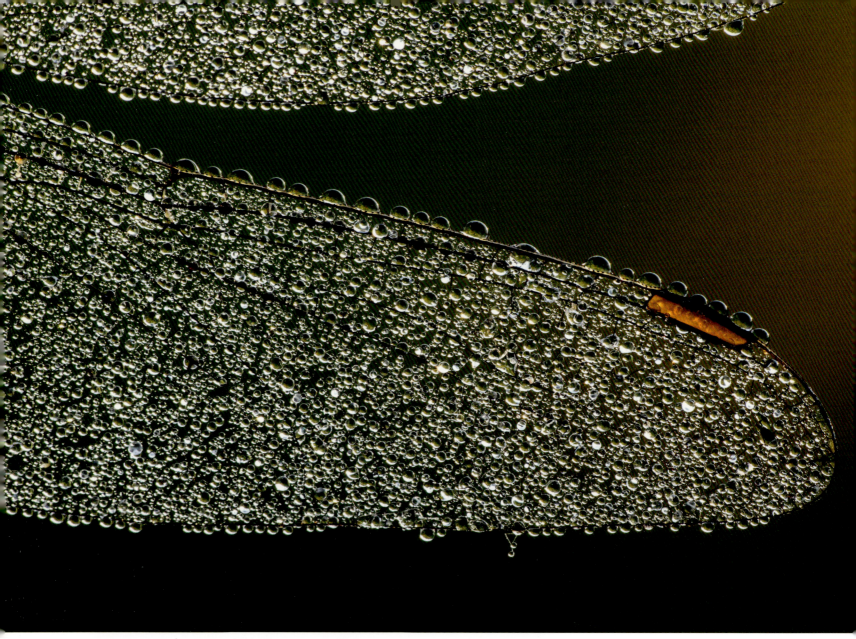

Dass der Flügelrand nicht glatt, sondern wie bei einer Säge gezahnt ist, erkennt man erst von ganz nah. Der „orange Fleck" ist das Flügelmal – ein im Bereich der Flügelspitze befindlicher, besonders verstärkter Bereich, der der Flügelstabilisierung dient und Pterostigma genannt wird.

Die ersten Strahlen der Morgensonne verursachen
in den Tautropfen auf dem Flügel ein regelrechtes
Feuerspiel. Wenige Minuten später hat sich der goldene
Schein in silberne Perlen verwandelt.

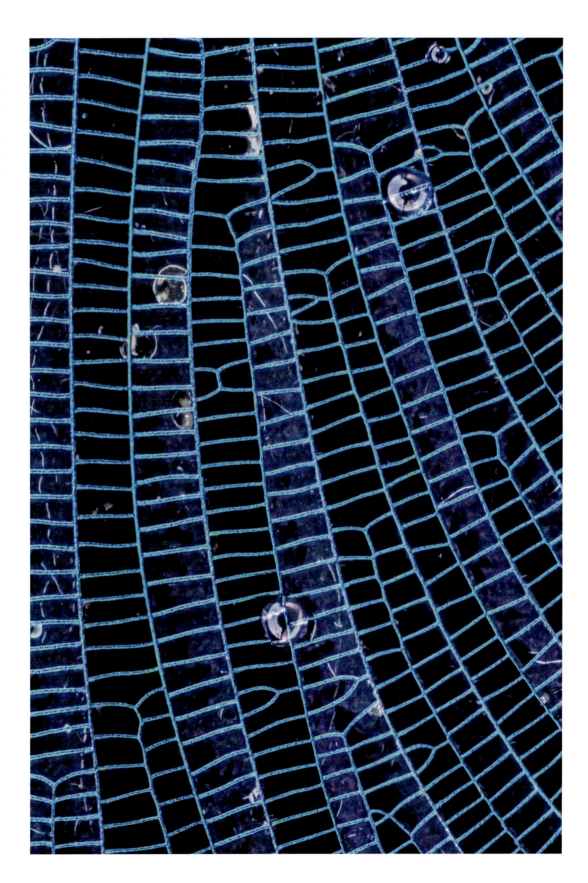

Flügelstruktur der Blauflügel-Prachtlibelle. Eingelagerte Farbpigmente sind für das tiefe Blauschwarz verantwortlich. Männchen werben mit Flügelspiel um die Weibchen.

Links: Die bei uns heimischen Prachtlibellenarten (Gebänderte und Blauflügel-Prachtlibelle) fallen insbesondere durch ihren flatternd-tänzelnden Flug auf und sind häufig an kleinen Fließgewässern zu finden.

Ein Männchen der Gebänderten Prachtlibelle (links) von vorne und der „Po" einer Heidelibelle (rechts).

Juwelen im Licht

Libellen im Habitat

Juwelen im Licht
Libellen im Habitat

Libellen haben im Laufe von Jahrmillionen fast alle aquatischen Lebensräume erobert. Lediglich die Meere blieben ihnen verschlossen.
Kaum vorstellbar ist, dass eine Libellenlarve, die über vier Zentimeter lang wird, sich über einen Zeitraum von bis zu sechs Jahren in wenigen Zentimeter tiefen Waldquellen und Quellsümpfen entwickelt. Schlüpft dann das fertige Insekt der Gestreiften Quelljungfer, erreicht es die stattliche Länge von acht Zentimetern. Auch andere Arten leben fast ausschließlich in Fließgewässern, vom Quellbach bis hin zu den großen Flüssen der Ebenen trifft man verschiedene Arten an. Zu ihnen gehören die Prachtlibellen, die Quelljungfern, einige Arten der Flussjungfern sowie die Zangenlibelle. Die Moore haben eine sehr spezielle Libellenfauna, die sich an die kärglichen Lebensbedingungen der Niederungs- und Hochmoore angepasst hat. Es gibt sogar ausgesprochene Moorspezialisten, wie die Hochmoor-Mosaikjungfer oder die Arktische Smaragdlibelle. Die meisten Libellenarten leben in stehenden Gewässern, in Seen, Weihern und Teichen. So manche Art kann man am Gartenteich beobachten, bei der Jagd, bei der Suche nach Weibchen oder bei der Eiablage. Wer genügend Geduld hat und zur rechten Zeit am Gewässer ist, kann auch den Schlupf einer Libelle, etwa der Blaugrünen Mosaikjungfer, beobachten.
Viele Arten sind in ihren Lebensräumen bedroht. Über Jahrhunderte wurden Moore entwässert und in großem Stil Torf abgebaut. Fließgewässer wurden begradigt und in den 1980er Jahren erreichte die Gewässerverschmutzung in Europa ihren traurigen Höhepunkt. Eine ganze Reihe dieser Beeinträchtigungen konnte durch Maßnahmen des Umweltschutzes beseitigt werden. Die noch intakten Moore stehen in Deutschland überwiegend unter Naturschutz, ebenso wie manch einer der noch intakten Flussabschnitte. Auch die Libellen selbst stehen unter Artenschutz, manche Arten sogar in allen Ländern der Europäischen Union. Jeder kann zum Schutz der Libellen beitragen, etwa durch die Anlage eines Gartenteiches oder das Belassen einer Hochstaudenflur, die mancher Art als Ruhe- und Jagdgebiet dienen kann. Und manchmal erfreuen wir uns einfach nur dieser anmutigen und in ihrer Lebensweise so interessanten Tiere.

Kleinlibellen lauern ihrer Beute meist auf. Die weit voneinander entfernten Augen ermöglichen auch einen Blick am Halm vorbei, während der Körper oft komplett dahinter verschwindet.

Ob Vierfleck, Zangenlibelle oder die metallisch glänzende Smaragdlibelle –
hinter manchem Foto steckt viel mehr, als nur die Freude, die Libelle
gefunden und dokumentiert zu haben. Welche lustige Geschichte sich z.B. hinter
der Kleinen Zangenlibelle (rechts oben) verbirgt, lesen Sie im Vorwort.

Folgende Doppelseite:

Morgenstimmung am Federsee. Neben den Gänsesägern und zahlreichen anderen Wasservögeln leben hier auch Libellen. Man findet sie aber
nicht nur in umittelbarer Nähe ihrer Fortpflanzungsgewässer, sondern
mitunter weit entfernt auf Jagd im Wald oder an insektenreichen Wiesen.

Juwelen im Licht

Während Prachtlibellen recht häufig und leicht aufzufinden sind, hüpft das Herz schon höher, wenn in der morgendlichen, feuchten Wiese eine Orchidee mit Keiljungfer auf den verschlafenen Fotografen wartet.

Das „Wiesenpaternoster" (links).
Bei dieser Art des Ansitzes konnte ich mir ein Lachen nicht verkneifen.

Die Aufnahme des Kleinen Blaupfeil (unten) zeigt die
typische Sitzhaltung der Großlibellen mit abgespreizten Flügeln in
einer camerainternen Doppelbelichtung seitlich und von oben.

Schmetterlinge gehören durchaus zum Beutespektrum der Libellen.
Wenn die Flugtemperatur noch nicht erreicht ist, besteht
aber weder für den Dickkopffalter noch für den Bläuling Gefahr.

Die zarte Weidenjungfer sticht mit einem harten Legebohrer ihre Eier unter die Rinde von über dem Gewässer hängenden Zweigen.
Die Eier überwintern dann dort. Wer an überhängenden Ästen kleine Rindenvernarbungen findet, kann die Ablageorte lokalisieren.

138 Juwelen im Licht

Durch Drehen des Kopfes und einen speziellen Fortsatz an
den Vordergliedmaßen reinigt die Frühe Adonislibelle (links oben)
ihre taubenetzten Facettenaugen und sorgt so für klare Sicht.

Mehr als ein Parkplatz kann die Gebänderte
Prachtlibelle für die Mücke (oben) nicht sein.

Die Westliche Keiljungfer (oben) breitet sich derzeit immer weiter nach Osten aus. Erst kürzlich wurde der Erstfund für Sachsen im Vogtland von den Autoren beschrieben.

Schon von Weitem im Gegenlicht erkennbar ist der Vierfleck (rechts). Seine fein gezeichneten Flügel leuchten im Grün der Sumpfvegetation wie Stanniolpapier.

Die Große Königslibelle (oben) ist mit bis zu 9 cm Länge unsere größte heimische Art – und lässt sich nur selten zu einer kurzen Rast zwischen den Patrouillenflügen nieder.

Das lackschwarz und gelb gezeichnete Männchen der Schwarzen Heidelibelle (rechts) fällt aus dem sonst eher roten Farbspektrum der Heidelibellen heraus.

Folgende Doppelseite:

Altweibersommer im Haspelmoor – ein typisches Habitat der Schwarzen Heidelibelle.
Auch die Kleine Moosjungfer hat hier ihren speziellen Lebensraum gefunden.

Links: Nicht nur Libellen, auch Schnecken und Heuschrecken verstecken sich im Gras – ein morgendliches Suchbild.

Oben: Der Kleine Blaupfeil sitzt gefährlich. Vor allem die großen Wespenspinnen können problemlos Libellen überwältigen – ihre riesigen Netze sind eine tödliche Gefahr für die Jäger der Lüfte.

148 Juwelen im Licht

1 1/2 Granataugen – ein spannend-makaberes Bild. Während des Paarungsfluges oder
der Eiablage wurde das Männchen, welches sein Weibchen im schützenden Genickgriff hielt,
Opfer eines anderen libellenfressenden Tieres.
Premiere übrigens auch für den libellenchirurgisch ambitionierten Tierarzt und Fotografen:
Nach beendeter Aufnahme konnte ich dem Weibchen mithilfe einer Nagelschere den
Rest des Gatten feldmäßig und ohne Vollnarkose entfernen. Deutlich erleichtert startete
die „Lustige Witwe" kurze Zeit später in den Tag – auf zu neuen Abenteuern!
Merke: Gehe niemals ohne Nagelschere zum Libellenfotografieren!
P.S.: Bei den Libellen links kam allerdings jede Hilfe zu spät.

Linke Seite: Hier hat die Wespenspinne gewonnen!
Auch die Heidelibelle (unten) dient nun gut verschnürt im warmen
Licht der Nachmittagssonne als Lunchpaket für schlechte Zeiten.
Oder sollte es doch besser „Lynch-Paket" heißen?

Auf den Flügeladern findet man manchmal Kleininsekten (z.B. Gnitzen), die als Parasiten die Hämolymphe der Libellen schlürfen. Ein Einzelbefall wie hier bei den Gebänderten Prachtlibellen wird den Tieren aber nicht gefährlich.

Leider ist noch häufig der Aberglaube verbreitet, Libellen würden stechen oder beißen. Beides tun sie nicht! Stechen geht ohne Stachel gar nicht und gebissen wird nur die Beute. Hartnäckig halten sich vor allem im bäuerlichen Bereich die unsinnigen Gerüchte, Libellen würden durch Stiche Pferde und Kühe töten.

Juwelen im Licht

Folgende Doppelseite:
Moorflächen und Waldränder bieten den verschiedensten Arten nicht nur gut strukturierte Jagdflächen, sondern auch ein großes Angebot an Futter – Libellen sind hervorragende Mückenjäger!

Links: Beide schützenswert – sowohl die Sibirische Schwertlilie als auch die Keiljungfern und ihre Lebensräume benötigen unseren Schutz. Einmal verlorenes Naturerbe auf Kosten von Gewinn und Betonwüste ist unwiederbringlich verloren.

Unten: Die wunderschöne, durchgehend blaue Bereifung des Männchens des Südlichen Blaupfeils macht es zu einem farblichen Blickfang.

Ein herzliches Dankeschön:

Mutt und Paps sowie meinen Großeltern für ihre unermüdliche Unterstützung und die Liebe zur Natur; meinen „3 L" für die vielen erlebnisreichen Stunden draußen in Wald und Moor.

Familie Tecklenborg sowie den beteiligten Mitarbeitern des Verlagshauses Tecklenborg für die professionelle Realisierung und stets freundliche Begleitung dieses Projektes.

Dr. Thomas Brockhaus für die odonatologische Fachberatung sowie die Kapiteltexte.

Meinem Freund Werner Höbel für mehr, als man hier schreiben kann.

Sonja & Thorsten, Katie & John, Otti & Werner, Rita & Eddy, Gabi & Armin, Susi & Jo, Barbara & Gottlieb, Max, Flo, Andreas sowie Marianne Kalteis für stets offene Ohren, offene Türen und helfende Hände, auch in schwierigen Zeiten.

Erich Kuchling für viele gemeinsame Fotostunden in taunassen Wiesen.

… und Franz Bagyi für eins der besten Foto-Zitate: „Der Naturfotograf geht oft mit leeren Händen heim – aber nie mit leerem Herzen!"

Impressum

Umwelthinweis:

Der Inhalt dieses Buches wurde auf Papier mit chlorfrei gebleichtem Zellstoff gedruckt. Das Einbandmaterial ist recyclebar.

Die Deutsche Bibliothek - CIP Einheitsaufnahme

Faszination Libellen

Ferry Böhme, Thomas Brockhaus
Steinfurt; Tecklenborg Verlag, 2018
ISBN: 978-3-944327-63-1
1. Auflage 2018

© 2018 by Tecklenborg Verlag, Steinfurt, Deutschland

Alle Rechte vorbehalten

Gesamtherstellung: Druckhaus Tecklenborg, Steinfurt

Das Werk einschließlich aller seiner Teile ist urheberrechtlich geschützt. Jede Verwertung außerhalb des Urheberrechtsgesetzes ist ohne Zustimmung des Verlages unzulässig und strafbar. Das gilt insbesondere für Vervielfältigungen, Übersetzungen, Mikroverfilmungen sowie die Einspeicherung und Verarbeitung in elektronischen Systemen.

ISBN: 978-3-944327-63-1